Ternura,
O estilo de Deus

Dados Internacionais de Catalogação na Publicação (CIP)
(Câmara Brasileira do Livro, SP, Brasil)

Francisco, Papa
  Ternura, o estilo de Deus / Papa Francisco ; tradução de Francisco Morás. – Petrópolis, RJ : Vozes, 2024.

Título original: La ternura, el estilo de Dios
ISBN 978-85-326-6741-0

  1. Cristianismo 2. Deus – Amor e adoração
3. Espiritualidade I. Título.

24-194844   CDD-248.3

Índices para catálogo sistemático:

1. Deus : Adoração e amor : Cristianismo   248.3

Eliane de Freitas Leite – Bibliotecária – CRB 8/8415

Papa Francisco

Ternura,
O estilo de Deus

Prefácio do Cardeal Marcello Semeraro

Tradução de Francisco Morás

EDITORA VOZES

Petrópolis

© Libreria Editrice Vaticana,
Dicastero per la Comunicazione –
Città del Vaticano, 2023
© Romana Editorial, S.L., 2023
Paseo del Pintor Rosales, 22
28008 Madrid
info@romana-editorial.com
www.romana-editorial.com

Direitos de publicação em língua
portuguesa – Brasil:
2024, Editora Vozes Ltda.
Rua Frei Luís, 100
25689-900 Petrópolis, RJ
www.vozes.com.br
Brasil

Tradução do original em espanhol
intitulado *La ternura, el estilo de Dios*.

Todos os direitos reservados.
Nenhuma parte desta obra poderá
ser reproduzida ou transmitida por
qualquer forma e/ou quaisquer
meios (eletrônico ou mecânico,
incluindo fotocópia e gravação)
ou arquivada em qualquer sistema
ou banco de dados sem permissão
escrita da editora.

CONSELHO EDITORIAL

Diretor
Volney J. Berkenbrock

Editores
Aline dos Santos Carneiro
Edrian Josué Pasini
Marilac Loraine Oleniki
Welder Lancieri Marchini

Conselheiros
Elói Dionísio Piva
Francisco Morás
Gilberto Gonçalves Garcia
Ludovico Garmus
Teobaldo Heidemann

Secretário executivo
Leonardo A.R.T. dos Santos

PRODUÇÃO EDITORIAL

Aline L.R. de Barros
Marcelo Telles
Mirela de Oliveira
Otaviano M. Cunha
Rafael de Oliveira
Samuel Rezende
Vanessa Luz
Verônica M. Guedes

Conselho de projetos editoriais
Isabelle Theodora R.S. Martins
Luísa Ramos M. Lorenzi
Natália França
Priscilla A.F. Alves

Editoração: Marina Montrezol
Diagramação: Editora Vozes
Revisão gráfica: Jhary Artiolli
Capa: Anna Ferreira

ISBN 978-85-326-6741-0 (Brasil)
ISBN 978-84-19240-09-5 (Espanha)

Este livro foi composto e impresso pela Editora Vozes Ltda.

Sumário

Prefácio, 11

I – A revolução da ternura, 17

1. A revolução da ternura, 19
2. Uma ternura combativa, 20
3. A força da ternura, 21
4. A ternura infinita do Senhor, 22
5. A ternura, virtude dos fortes, 23
6. A ternura é fortaleza, 24
7. São José, pai na ternura (I), 25
8. São José, pai na ternura (II), 26
9. Os idosos, artífices da revolução da ternura, 27

II – A ternura, o estilo de Deus, 29

1 O estilo de Deus, 31

2 Descubramos a ternura do amor de Cristo, 32

3 Testemunhas da misericórdia e da ternura do Senhor, 33

4 A canção de ninar de Deus, 34

5 A ternura de Deus (I), 35

6 A ternura de Deus (II), 36

7 A ternura de Deus (III), 37

8 Deus apaixonado por nossa pequenez, 38

9 O Menino nos mostra a ternura de Deus, 39

10 A Igreja, sacramento do amor e da ternura de Deus pelos homens, 40

11 O Senhor nos abre o seu coração com sua ternura, 41

12 O Espírito nos doa a ternura do perdão divino, 42

13 A carícia do Senhor, 43

14 A ternura de Deus é capaz de remover um coração de pedra e pôr em seu lugar um coração de carne, 44

15 Jesus quer continuar construindo sua Igreja com ternura, 45

16 O perdão de Deus é a ternura que acolhe cada pecador que bate à sua porta, 46

17 O lugar teológico da ternura de Deus, 47

18 Teologia da ternura (I), 48

19 Teologia da ternura (II), 49

20 Teologia da ternura (III), 50

21 Teologia da ternura (IV), 51

22 Teologia da ternura (V), 52

23 Teologia da ternura (VI), 53

24 A ternura da consolação do Senhor, 54

25 A ternura do amor de Deus em Jesus
por cada um de nós, 55

26 O Senhor corrige com ternura, 56

27 O Senhor mostra uma ternura especial pelos
mais vulneráveis, 57

28 Jesus se aproxima, toca com ternura as feridas, 58

29 A mansidão e a ternura do Bom Pastor, 59

30 A "medida sem medida" do amor de Deus, 60

31 A ternura de Jesus não é sentimentalismo, 61

32 A ternura humana que está próxima à de Deus, 62

33 Proximidade, compaixão e ternura:
o estilo de Deus, 63

34 A misericórdia cheia de ternura e bondade, 64

35 Deus é terno, 65

36 Precisamos de uma "ecologia do coração", 66

37 A ternura sem limites que Deus tem para
cada um de nós, 67

38 A ternura de Deus nos dá paz, nos faz crescer, 68

39 A Igreja da proximidade com atitudes de compaixão e ternura, 69

40 A proximidade de Deus é sempre compassiva e terna, 70

41 Deus, nos braços de sua Mãe e apoiado na manjedoura, nos encoraja com ternura, 71

42 Sentir a ternura de Deus em nossa vida, 72

43 Uma grande ternura na experiência do amor de Deus, 73

44 A ternura é a experiência de nos sentirmos amados por Deus, 74

45 O Senhor toca nossas feridas com ternura, 75

46 Deus não se cansa de nos dar confiança com ternura, 76

47 Deus é próximo, misericordioso e terno, 77

48 Experimentar a ternura do Bom Pastor, 78

49 O tempo da ternura de Deus, 79

50 Jesus nos revela um Deus cheio de compaixão e ternura, 80

51 Deus quer atrair-nos com o amor, a ternura, a compaixão, 81

52 A realidade de Deus, 82

III – A ternura do cuidado, 83

1   A linguagem da maternidade: a ternura
    do cuidado, 85

2   Custodiar a criação, com um olhar de ternura
    e de amor, 86

3   Dar testemunho da ternura do Senhor, 87

4   Rezar com fidelidade, para estarmos mais atentos
    às necessidades dos irmãos, 88

5   O matrimônio e as famílias, reflexo da ternura
    de Deus, 89

6   O exemplo e o testemunho da ternura da
    Sagrada Família, 90

7   Um olhar materno de ternura, 91

8   Ternura significa cuidar dos outros, 92

9   Esta é a ternura: abaixar-se ao nível do outro, 93

10 A ternura é a "chave" para entender os doentes, 94

11 Precisamos da maternidade, de quem gera
    e regenera a vida com ternura, 95

12 Ternura, sinal de humanidade, 96

13 Que a dureza cotidiana do viver seja suavizada
    pela ternura mútua na família, 97

14 A ternura de quem cuida da pessoa doente, 98

15 A ternura dos idosos, 99

16 A gratuidade pela ternura de Deus, 100

17 A fragilidade nos torna capazes de ternura,
    misericórdia e amor, 101

Prefácio

Na homilia da missa natalina de 24 de dezembro de 2021, Francisco disse: "Contemplemos o menino. Em sua pequenez é Deus. Reconheçamo-lo: 'menino, tu és Deus, Deus-menino'. Deixemo-nos atravessar por este assombro escandaloso. Aquele que abraça o universo precisa ser sustentado nos braços. Aquele que fez o Sol precisa ser abraçado. A ternura em pessoa precisa ser ninada. O amor infinito tem um coração minúsculo, que emite leves batidas. A Palavra eterna é infante, isto é, incapaz de falar. O Pão da vida deve ser alimentado. O criador do mundo não tem abrigo. Hoje tudo se inverte: Deus vem ao mundo pequeno. Sua grandeza se oferece na pequenez". O filósofo italiano Massimo Borghesi, que é um dos intérpretes mais autorizados de J. M. Bergoglio/Francisco, comentou o seguinte: "Nessa dialética do grande e do pequeno revela-se a espiritualidade inaciana de Bergoglio, sua teologia da ternura, que tem como epicentro a imagem paulina do Deus do universo que se faz homem até a morte, e uma morte de cruz".

Creio que isso possa ser útil para compreender o valor deste livro – dedicado à *ternura*, um tema central não apenas do magistério, mas também e inclusive, da espiritualidade do papa, que, como ele mesmo disse várias vezes, é uma espiritualidade "inaciana". Santo Inácio de Loyola de fato pode, para todos os efeitos, ser conhecido como o "santo da ternura", de cuja espiritualidade uma singularíssima expressão constitui o dom das lágrimas: fenômeno este que nos conduz a um coração que se derrete no desejo de encontrar Deus e inclusive na ânsia de encontrar pessoas com as quais mergulhar no mar da sua misericórdia. Prova disso é a famosa *Contemplação para alcançar o amor*, que não apenas sintetiza os *Exercícios*, mas os aperfeiçoa (cf. *Evangelii Gaudium*, 234). Quando, no dia 29 de novembro de 2017, Francisco se reuniu com os jesuítas de Myanmar e de Bangladesh, ele explicou essa *contemplação* como um *crescer no amor.*

Este livro, para o qual com muita alegria escrevo algumas linhas introdutórias, reúne uma série de textos proferidos durante o decênio de pontificado de Francisco. A esses acrescentarei outros – quase para oferecer um sabor de globalidade – referidos, no entanto, à época de seu episcopado em Buenos Aires.

É o caso de outra homilia, também proferida por ocasião da véspera de Natal, mas desta feita em 2003. Nela, a partir do mistério da Encarnação, o Arcebispo Bergoglio já apontava questões interessantes sobre o tema da ternura. Afirmou: "No relato do nascimento de Jesus, que acabamos de ouvir, quando os anjos anunciam aos pastores que nasceu o Redentor, lhes dizem: 'e isto vos servirá de sinal: encontrarão um menino recém-nascido envolto em faixas e deitado numa manjedoura' (Lc 2,12). Este é o sinal: o abaixamento total de Deus. O sinal é que nessa noite Deus apaixonou-se por nossa pequenez e fez-se ternura; ternura para toda fragilidade, para todo sofrimento, para toda angústia, para toda busca, para todo limite; o sinal é a ternura de Deus; é a mensagem que buscavam os que pediam sinais, a mensagem que buscavam todos os desorientados, os que inclusive eram inimigos de Jesus. A mensagem que do fundo da alma todos buscavam era esta: a ternura de Deus, do Deus feito ternura, do Deus que acaricia a nossa miséria, do Deus apaixonado por nossa pequenez".

Na ternura do Natal, que é a máxima expressão histórica da condescendência de Deus e sua manifestação definitiva, encontramos o fundamento daquela *revolução da ternura* da qual, como pontífice, o Papa Francisco escreverá na Exortação Apostólica *Evangelii Gaudium*: "A verdadeira fé no Filho de Deus feito carne é inseparável do dom de si, da pertença à comunidade, do serviço, da reconciliação com a carne dos outros. O Filho de Deus, em sua encarnação, nos convidou à revolução da ternura" (n. 88).

Na realidade, a expressão "revolução da ternura" de Bergoglio já havia sido adotada por ele na homilia para o *Te Deum* de 25 de maio de 1999: um discurso no qual, de fato, estão também presentes, em síntese, outros temas que serão posteriormente desenvolvidos na *Evangelii Gaudium*, incluídos os "quatro princípios relacionados às tensões bipolares próprias de toda realidade social", que, formulando-os a partir dos grandes postulados da Doutrina Social da Igreja, Francisco enuncia e explica nos números 222-237 da exortação apostólica.

Este é o texto de 1999: "Nosso povo tem alma, e, porque podemos falar da alma de um povo, também podemos falar de uma hermenêutica, de uma maneira de ver a realidade, de uma consciência. Hoje, em meio aos conflitos, esse povo ensina que não devemos dar atenção àqueles que pretendem destilar a realidade em ideias, que não nos servem os intelectuais sem talento, nem os eticistas sem bondade, mas há que apelar ao fundo de nossa dignidade como povo, apelar para a nossa sabedoria, apelar para as nossas reservas culturais. Trata-se de uma verdadeira revolução não contra um sistema, mas interior; uma revolução de memória e ternura; memória das grandes gestas fundantes, heroicas... e memória dos gestos simples que sorvemos em família".

Tudo isso tem, para Francisco, uma tradução eclesiológica reconhecível naquela imagem da Igreja "hospital de campanha", da qual falou pela primeira vez na entrevista concedida ao Padre A. Spadaro S.J., em agosto de 2013, e publicada no número 3918 da revista *Civiltà Cattolica*. Naquela circunstância o papa disse: "Vejo com clareza que o que a Igreja hoje necessita com maior urgência é uma capacidade de curar feridas e dar calor aos corações dos fiéis, acercar-se, aproximar-se".

As consequências que essa imagem de Igreja implica na ação pastoral são com certeza evidentes para todos. É missão da Igreja, de fato, o que o Papa Francisco afirma acerca da *teologia da ternura:* "Teologia e ternura parecem duas palavras distantes: a primeira parece lembrar o contexto acadêmico; a segunda, as relações interpessoais. Na verdade, nossa fé as vincula intrinsecamente. A teologia, de fato, não pode ser abstrata – se fosse, seria ideologia – porque ela emerge de um conhecimento existencial, nascido do encontro com o Verbo feito carne. A teologia é chamada, pois, a comunicar a concreção do Deus amor. E a ternura é um bom 'existencial concreto' para traduzir em nossos tempos o afeto que o Senhor nutre por nós" (*Discurso*, 13 de setembro de 2018).

Marcello Cardeal Semeraro
Prefeito do Dicastério das Causas dos Santos

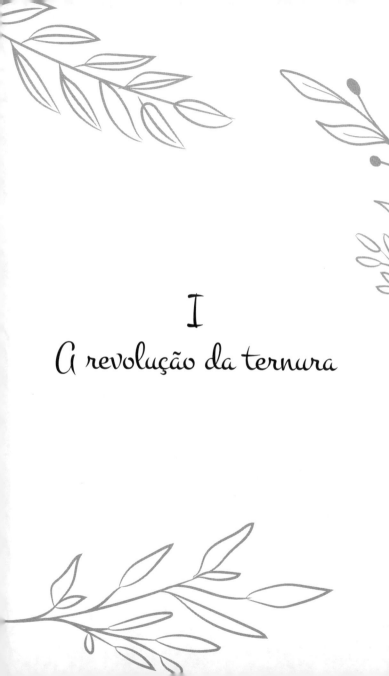

I
A revolução da ternura

1
A revolução da ternura

O ideal cristão convidará sempre a superar a suspeita, a desconfiança permanente, o medo de sermos invadidos, as atitudes defensivas que o mundo atual nos impõe. Muitos tentam escapar dos outros fechando-se na privacidade cômoda ou no reduzido círculo dos mais íntimos, e renunciam ao realismo da dimensão social do Evangelho. Porque, assim como alguns quiseram um Cristo puramente espiritual, sem carne e cruz, também pretendem relações interpessoais para si mediadas apenas por aparatos sofisticados, por monitores e sistemas que podem ser ligados e desligados ao bel-prazer. Entretanto, o Evangelho sempre nos convida a correr o risco do encontro com o rosto do outro, com sua presença física que interpela, com sua dor e suas reivindicações, com sua alegria que contagia, num constante corpo a corpo. A verdadeira fé no Filho de Deus feito carne é inseparável do dom de si mesmo, da pertença à comunidade, do serviço, da reconciliação com a carne dos outros. O Filho de Deus, em sua encarnação, convidou-nos à revolução da ternura.

Evangelii Gaudium, n. 88

2
Uma ternura combativa

Uma das tentações mais sérias que sufoca o fervor e a audácia é a consciência de derrota que nos converte em pessimistas lamurientos e desencantados, com cara de tédio. Ninguém pode empreender uma luta se de antemão não confia plenamente no triunfo. Quem começa sem confiança já perdeu de antemão metade da batalha e enterra seus talentos. Mesmo com a dolorosa consciência das próprias fragilidades, temos que seguir em frente, sem nos declarar vencidos, e lembrar o que o Senhor disse a São Paulo: "A minha graça te basta; o meu poder se manifesta na fraqueza" (2Cor 12,9). O triunfo cristão é sempre uma cruz, mas cruz que é, simultaneamente, bandeira de vitória, que se carrega com ternura contra as investidas do mal. O mau espírito da derrota é irmão da tentação de separar prematuramente o joio do trigo, resultado de uma desconfiança ansiosa e egocêntrica.

Evangelii Gaudium, n. 85

3
A força da ternura

Às vezes sentimos a tentação de sermos cristãos mantendo uma prudente distância das chagas do Senhor. Mas Jesus quer que toquemos a miséria humana, que toquemos a carne sofredora dos outros. Espera que deixemos de buscar esses abrigos pessoais ou comunitários que nos permitem ficar longe da nudez da tormenta humana e que aceitemos entrar realmente em contato com a existência concreta dos outros, e que conheçamos a força da ternura. Quando o fazemos, a vida complica-se maravilhosamente sempre, mas também nos permite viver a intensa experiência de ser povo, a experiência de pertencer a um povo.

Evangelii Gaudium, n. 270

4
A ternura infinita do Senhor

Para compartilhar a vida com as pessoas e nos doar generosamente, precisamos reconhecer também que cada pessoa é digna de nossa dedicação. Não por seu aspecto físico, por suas capacidades, por sua linguagem, por sua mentalidade ou pelas satisfações que nos pode dar, mas porque é obra de Deus, criatura sua. Deus a criou à sua imagem, e ela reflete algo de sua glória. Cada ser humano é objeto da ternura infinita do Senhor, e o próprio Senhor habita na sua vida. Jesus Cristo ofereceu o seu precioso sangue na cruz por essa pessoa. Independentemente de sua aparência, cada um é *imensamente sagrado e merece o nosso carinho e a nossa dedicação*. Por isso, se consigo ajudar uma só pessoa a viver melhor, isso já justifica o dom da minha vida. É maravilhoso ser povo fiel de Deus. E alcançamos plenitude quando derrubamos os muros e enchemos o nosso coração de rostos e de nomes!

Evangelii Gaudium, n. 274

5
A ternura, virtude dos fortes

Há um estilo mariano na atividade evangelizadora da Igreja. Sempre que olhamos para Maria, tornamos a acreditar no poder revolucionário da ternura e do carinho. Nela vemos que a humildade e a ternura não são virtudes dos fracos, mas dos fortes, que não precisam maltratar os outros para se sentirem importantes [...]. Maria sabe reconhecer os "vestígios" do espírito de Deus tanto nos grandes acontecimentos como naqueles que parecem imperceptíveis. É contemplativa do mistério de Deus no mundo, na história e na vida cotidiana de cada um e de todos. É a mulher orante e trabalhadora em Nazaré, e também é Nossa Senhora da prontidão, a que sai "às pressas" de seu povoado para ajudar os outros (Lc 1,39). Essa dinâmica de justiça e ternura, de contemplar e caminhar na direção dos outros, é que faz de Maria um modelo eclesial para a evangelização [...].

Evangelii Gaudium, n. 288

6
A ternura é fortaleza

Sim, a ternura é o caminho que percorreram os homens e as mulheres mais corajosos e fortes. A ternura não é fraqueza; é fortaleza. É o caminho da solidariedade, da humildade. Permita-me dizê-lo claramente: quanto mais poderoso és, quanto mais repercutem tuas ações nas pessoas, mais és chamado a ser humilde. Pois, caso contrário, o poder te destrói, e destruirás os outros. Na Argentina dizia-se que o poder é como o gin ingerido com o estômago vazio: te deixa a cabeça tonta, te embriaga, te faz perder o equilíbrio e te leva a fazer o mal a ti mesmo ou aos outros, se não for somado à humildade e à ternura. Com a humildade e o amor concreto, em contrapartida, o poder – o mais alto, o mais forte – se converte em serviço e difunde o bem.

Videomensagem, 26 de abril de 2017

7
São José, pai na ternura (I)

Faz-nos bem, então, espelharmo-nos na paternidade de José, que é um espelho da paternidade de Deus, e perguntarmo-nos se permitimos que o Senhor nos ame com sua ternura, transformando cada um de nós em homens e mulheres capazes de amar dessa forma. Sem essa "revolução da ternura" – faz falta uma revolução da ternura! – corremos o risco de permanecer presos numa justiça que não permite nos erguermos facilmente e que confunde redenção com castigo. Por essa razão, hoje quero recordar de modo especial os nossos irmãos e irmãs que estão na prisão. É justo que quem erra pague pelo erro, mas é igualmente justo que aqueles que erraram possam redimir-se do seu erro. Não pode haver condenações sem janelas de esperança. Qualquer condenação sempre tem uma janela de esperança. Pensemos em nossos irmãos e irmãs encarcerados, e pensemos na ternura de Deus por eles, e rezemos por eles, para que encontrem naquela janela de esperança uma saída para uma vida melhor.

Audiência geral, 19 de janeiro de 2022
Sala Paulo VI

8
São José, pai na ternura (II)

São José, pai na ternura, ensina-nos a aceitar ser amados precisamente naquilo que em nós é mais frágil. Concedei que não coloquemos qualquer obstáculo entre a nossa pobreza e a grandeza do amor de Deus. Suscitai em nós o desejo de nos aproximarmos da reconciliação, para que possamos ser perdoados e também para que nos tornemos capazes de amar com ternura os nossos irmãos e irmãs em sua pobreza. Estai próximo daqueles que erraram e que pagam o preço por isso; ajudai-os a encontrar, ao lado da justiça, a ternura para poder recomeçar. Ensinai-lhes que a primeira maneira de recomeçar é pedir sinceramente perdão, para sentir a carícia do Pai.

Audiência geral, 19 de janeiro de 2022
Sala Paulo VI

9
Os idosos, artífices da revolução da ternura

A velhice não é um tempo inútil no qual a pessoa deva colocar-se de lado, abandonando os remos do barco, mas uma estação para continuar dando frutos. Há uma nova missão que nos espera e nos convida a direcionar o olhar para o futuro. "A sensibilidade especial de nossos idosos, da idade avançada para as anteriores, os pensamentos e os afetos que os tornam mais humanos deveriam voltar a ser uma vocação para muitos. E será uma escolha de amor dos idosos para com as novas gerações"[1]. É o nosso contributo para a *revolução da ternura*[2], uma revolução espiritual e pacífica a que vos convido, queridos avôs, avós e pessoas idosas, para fazer-vos protagonistas.

Mensagem para a II Jornada Mundial dos Avós e dos Idosos
24 de julho de 2022

---

1 Catequesis sobre la vejez, 3: *"La ancianidad, recurso para a juventud despreocupada"* (16 mar. 2022).

2 Catequesis sobre san José, 8: *"San José padre en la ternura"* (19 jan. 2022).

II
A ternura, o estilo de Deus

1
O estilo de Deus

Deus tem três atitudes: proximidade, misericórdia e ternura. Essas três são suficientes; toda a teologia está aí. Um Deus próximo, que está ao meu alcance; um Deus misericordioso, que me perdoa tantas vezes; um Deus terno.

Entrevista do papa à Associated Press
25 de janeiro de 2023
Casa Santa Marta

2
Descubramos a ternura do amor de Cristo

O amor fiel de Deus ao seu povo manifestou-se e realizou-se plenamente em Jesus Cristo, que, para honrar o vínculo de Deus com o seu povo, fez-se nosso escravo, despojou-se de sua glória e assumiu a forma de servo. Em seu amor, não cedeu diante de nossa ingratidão e tampouco diante da rejeição [...]. Jesus permanece fiel, jamais trai: mesmo quando nos equivocamos, Ele sempre nos espera para nos perdoar: é o rosto do Pai misericordioso. Esse amor, essa fidelidade do Senhor manifesta a *humildade de seu coração*: Jesus não veio conquistar os homens, como os reis e os poderosos deste mundo, mas veio oferecer amor com mansidão e humildade [...]. Podemos experimentar e saborear a ternura desse amor em cada fase da vida: no tempo da alegria e da tristeza, no tempo da saúde e da enfermidade e dificuldade.

Homilia, 27 de junho de 2014
Solenidade do Sagrado Coração de Jesus

3
Testemunhas da misericórdia
e da ternura do Senhor

A tristeza e o medo podem dar lugar à alegria, porque o próprio Senhor guiará o seu povo pelo caminho da libertação e da salvação. De que modo fará tudo isso? Com a solicitude e a ternura de um pastor que se ocupa de seu rebanho. Com efeito, ele dará unidade e segurança ao rebanho, o aparentará, reunirá as ovelhas dispersas em seu redil seguro, reservará atenção especial às mais frágeis e fracas (cf. Is 40,11). Essa é a atitude de Deus conosco, suas criaturas [...]. Hoje necessitamos de pessoas que sejam testemunhas da misericórdia e da ternura do Senhor, que incentiva os resignados, reanima os desanimados, acende o fogo da esperança.

Angelus, 7 de dezembro de 2014
Praça de São Pedro

4
A canção de ninar de Deus

Se tivéssemos a coragem de abrir o nosso coração a essa ternura de Deus, quanta liberdade espiritual teríamos! [...]. Se tiver um pouco de tempo, na sua casa, procure a Bíblia: Isaías, capítulo 41, do versículo 13 ao 20; sete versículos. Leia-os! Essa ternura de Deus, desse Deus que canta a cada um de nós a canção de ninar, como uma mãe.

Homilia, 11 de dezembro de 2014
Casa Santa Marta

5
A ternura de Deus (I)

Quando os anjos anunciaram aos pastores o nascimento do Redentor, fizeram-no com estas palavras: "Isto vos servirá de sinal: achareis um recém-nascido envolto em faixas e deitado numa manjedoura" (Lc 2,12). O "sinal" é precisamente a humildade de Deus, humildade levada às últimas consequências; é o amor com o qual, naquela noite, assumiu nossa fragilidade, nossos sofrimentos, nossas angústias, nossos anseios e nossas limitações. A mensagem que todos esperavam, que todos buscavam no mais profundo da própria alma, não era outra que a ternura de Deus: um Deus que nos olha com os olhos cheios de afeto, que aceita a nossa miséria, um Deus apaixonado de nossa pequenez.

Homilia, 24 de dezembro de 2014
Basílica de São Pedro

6
A ternura de Deus (II)

Enquanto contemplamos o Menino Jesus recém--nascido e deitado numa manjedoura, somos convidados a refletir. Como acolhemos a ternura de Deus? Deixo-me alcançar por Ele, deixo-me abraçar por Ele, ou impeço sua aproximação? "Oh, não, eu procuro o Senhor!" – poderíamos responder. O mais importante, no entanto, não é buscá-lo, mas deixar que Ele me busque, que Ele me encontre e me acaricie com carinho. Esta é a pergunta que simplesmente com sua presença o Menino nos faz: permito que Deus me queira bem?

Homilia, 24 de dezembro de 2014
Basílica de São Pedro
Solenidade do Natal do Senhor

7
A ternura de Deus (III)

Temos a coragem de acolher com ternura as situações difíceis e os problemas de quem vive ao nosso lado ou preferimos as soluções impessoais, talvez eficazes, mas destituídas do calor do Evangelho? Quão grande é a necessidade de ternura que o mundo de hoje tem! Paciência de Deus, proximidade de Deus, ternura de Deus.

Homilia, 24 de dezembro de 2014
Basílica de São Pedro
Solenidade do Natal do Senhor

8
Deus apaixonado por nossa pequenez

A vida deve ser vivida com bondade, com mansidão. Quando nos damos conta de que Deus se apaixonou por nossa pequenez, de que Ele mesmo se faz pequeno para propiciar o encontro conosco, não podemos deixar de abrir-lhe o nosso coração e suplicar: "Senhor, ajudai-me a ser como sois, concedei-me a graça da ternura nas circunstâncias mais duras da vida, concedei-me a graça de aproximar-me das necessidades dos outros, a graça da humildade em qualquer conflito".

Homilia, 24 de dezembro de 2014
Basílica de São Pedro
Solenidade do Natal do Senhor

9
O Menino nos mostra a ternura de Deus

Aquele Menino, nascido da Virgem Maria em Belém, não veio só para o povo de Israel, representado nos pastores de Belém, mas para toda a humanidade, representada hoje pelos Magos, vindos do Oriente. E justamente hoje a Igreja nos convida a meditar e a rezar sobre os Magos e seu caminho à procura do Messias. Esses Magos, vindos do Oriente, são os primeiros daquela grande procissão de que nos fala o profeta Isaías na primeira leitura (cf. 60,1-6). Uma procissão que desde então nunca se interrompeu e que, em todas as épocas, reconhece a mensagem da estrela e encontra o Menino que nos mostra a ternura de Deus. Há sempre novas pessoas que são iluminadas pela luz da estrela, que encontram o caminho e chegam até Ele.

Homilia, 6 de janeiro de 2015
Basílica de São Pedro
Solenidade da Epifania do Senhor

10
A Igreja, sacramento do amor e da ternura de Deus pelos homens

Cada um de nós é chamado a levar a luz da palavra de Deus e a força da graça aos que sofrem e a todos os que os assistem, familiares, médicos e enfermeiros, para que o serviço ao enfermo seja prestado sempre com mais humanidade, entrega generosa, amor evangélico e ternura. A Igreja mãe, por nossas mãos, acaricia os nossos sofrimentos e cura as nossas feridas, e o faz com ternura de mãe. Peçamos a Maria, Saúde dos enfermos, que cada pessoa experimente na enfermidade, graças à solicitude de quem está ao seu lado, a força do amor de Deus e o consolo de sua ternura materna.

Angelus, 8 de fevereiro de 2015
Praça de São Pedro

11
O Senhor nos abre o seu coração com sua ternura

[Ele e a sua mãe estão próximos!] A maior misericórdia consiste em seu estar no meio de nós, na sua presença e companhia. Caminha ao nosso lado, mostra-nos a senda do amor, levanta-nos quando caímos – e com quanta ternura o faz! –, sustenta-nos nas nossas fadigas, acompanha-nos em todas as circunstâncias de nossa existência. Abre-nos os olhos para ver as misérias pessoais e do mundo, mas, simultaneamente, enche-nos de esperança. Paulo nos diz: "E a paz de Deus [...] guardará os vossos corações e os vossos pensamentos em Cristo Jesus" (Fl 4,7). Essa é a fonte de nossa vida pacificada e feliz; nada nem ninguém poderá privá-los dessa paz e alegria, apesar dos sofrimentos e provações da vida. O Senhor, com sua ternura, abre-nos o seu coração, oferece-nos o seu amor. O Senhor é alérgico às inflexibilidades.

Homilia, 12 de dezembro de 2015
Basílica de São Pedro
Festividade de Nossa Senhora de Guadalupe

12
O Espírito nos doa a ternura do perdão divino

O Espírito Santo, recebido pela primeira vez no dia de nosso Batismo, abre o nosso coração à Verdade, à Verdade inteira. Ele impele a nossa vida para o caminho espinhoso mas feliz da caridade e da solidariedade para com os nossos irmãos. O Espírito nos oferece a ternura do perdão divino e nos impregna com a força invencível da misericórdia do Pai. Não esqueçamos que o Espírito Santo é uma presença viva e vivificante naquele que o acolhe; Ele reza em nós e nos enche de alegria espiritual.

Angelus, 10 de janeiro de 2016
Praça de São Pedro

13
A carícia do Senhor

Quem não conhece as carícias do Senhor não conhece a doutrina cristã. Quem não se deixa acariciar pelo Senhor está perdido. Essa é a mensagem jubilosa, a sincera exultação que hoje queremos. Esta é a alegria, a consolação que buscamos: que o Senhor venha com seu poder, que são as suas carícias, para encontrar-nos, salvar-nos, como a ovelha desgarrada, e levar-nos de volta ao rebanho de sua Igreja. Que o Senhor nos dê esta graça de esperar o Natal com as nossas feridas e os nossos pecados sinceramente reconhecidos, a graça de esperar no poder desse Deus que vem consolar-nos, que vem com seu poder – mas esse poder é a ternura, são as carícias que nascem de seu coração, de um coração tão bom que deu sua vida por nós.

Homilia, 6 de dezembro de 2016
Casa Santa Marta

14
A ternura de Deus é capaz de remover um coração de pedra e pôr em seu lugar um coração de carne

Um coração fechado, teimoso, pagão não deixa que o Espírito entre, e considera-se autossuficiente […]. Hoje olhamos a ternura de Jesus: Ele, esse grande testemunho da obediência que deu a vida, nos faz ver a ternura que Deus tem por nós, nossos pecados e nossas fraquezas. Entremos nesse diálogo e peçamos a graça a fim de que o Senhor abrande um pouco os corações rígidos, os corações dessa gente sempre fechada na lei e condenadora de todos os que estão fora dela: eles não sabem que o Verbo se fez carne, que o Verbo é testemunho de obediência; não sabem que a ternura de Deus é capaz de remover um coração de pedra e colocar em seu lugar um coração de carne.

Homilia, 2 de maio de 2017
Casa Santa Marta

15
Jesus quer continuar construindo sua Igreja com ternura

A Igreja sempre tem necessidade de ser reformada, consertada. Nós certamente não nos sentimos rochedos, mas tão somente pequenas pedras. Mesmo assim, nenhuma pequena pedra é inútil. Além disso, nas mãos de Jesus a menor das pedras se converte em preciosa, porque Ele a recolhe, a olha com grande ternura, a trabalha com seu Espírito e a coloca no lugar certo, desde sempre pensado por Ele, e onde pode ser mais útil para toda a construção. Cada um de nós é uma pequena pedra, mas, nas mãos de Jesus, participa da construção da Igreja.

Angelus, 27 de agosto de 2017
Praça de São Pedro

16
O perdão de Deus é a ternura que acolhe cada pecador que bate à sua porta

O perdão de Deus é o sinal do amor transbordante que Ele tem por nós; é o amor que nos deixa livres para nos afastar, como o filho pródigo, mas que espera a cada dia o nosso retorno; é o amor audaz do pastor pela ovelha perdida; é a ternura que acolhe cada pecador que bate à sua porta. O Pai celestial – o nosso Pai – está cheio, cheio de amor, que quer nos oferecer, mas não pode fazer isso se fecharmos o nosso coração ao amor pelos outros.

Angelus, 17 de setembro de 2017
Praça de São Pedro

17
O lugar teológico da ternura
de Deus

Mas qual é o lugar teológico da ternura de Deus? Onde exatamente é possível encontrá-la? Qual é o lugar em que melhor se manifesta? Na chaga: nas minhas chagas, nas tuas chagas, quando as minhas se encontram com as dele. Em suas chagas fomos curados. Este é o lugar teológico da ternura de Deus: em nossas chagas. O que nos pede o Senhor? "Vamos, por favor, venha, venha: mostra-me tua chaga, mostra-me tuas chagas. Quero tocá-las. Quero curá-las." E é justamente aqui, no encontro de nossa chaga com a do Senhor, que reside o valor de nossa salvação – é aqui que se encontra a ternura de Deus.

Homilia, 14 de dezembro de 2017
Casa Santa Marta

18
Teologia da ternura (I)

Teologia e ternura parecem duas palavras distantes: a primeira parece lembrar o contexto acadêmico; a segunda, as relações interpessoais. Na verdade, nossa fé as vincula intrinsecamente. A teologia, de fato, não pode ser abstrata – se fosse, seria ideologia – pois emerge de um conhecimento existencial, nascido do encontro com o Verbo feito carne. A teologia é chamada, pois, a comunicar a concreção do Deus amor. E a ternura é um bom "existencial concreto" para traduzir em nossos tempos o afeto que o Senhor nutre por nós.

Discurso acerca da teologia da ternura
13 de setembro de 2018
Sala Clementina

19
Teologia da ternura (II)

A teologia certamente não pode se reduzir ao sentimento, mas tampouco pode ignorar que, em muitas partes do mundo, as questões mais importantes já não são abordadas a partir do concreto e do racional ou das demandas sociais, mas daquilo que a pessoa observa emocionalmente. A teologia é chamada a acompanhar essa busca existencial, aportando a luz advinda da Palavra de Deus. E uma boa teologia da ternura pode anunciar a caridade divina nesse sentido. Isso é possível, pois o amor de Deus não é um princípio geral abstrato, mas algo pessoal e concreto que o Espírito Santo comunica intimamente. Ele, de fato, alcança e transforma os sentimentos e pensamentos do homem. Que conteúdos poderia ter então uma teologia da ternura? Dois me parecem importantes: a beleza de *sentir-nos amados por Deus* e a beleza de *sentir que amamos em nome de Deus*.

Discurso acerca da teologia da ternura
13 de setembro de 2018
Sala Clementina

20
Teologia da ternura (III)

A ternura indica precisamente o nosso modo de acolher hoje a misericórdia divina. A ternura nos revela, junto ao rosto paterno, o rosto materno de Deus, de um Deus apaixonado pelo homem, que nos ama com um amor infinitamente maior do que o de uma mãe pelo próprio filho (cf. Is 49,15). Independentemente do que acontece e do que fazemos, temos a certeza de que Deus está próximo, compassivo, pronto a comover-se por nós. A ternura é uma palavra benéfica, é o antídoto contra o medo em relação a Deus, pois "no amor não há temor" (1Jo 4,18), porque a confiança supera o medo. Sentirmo-nos amados significa, portanto, aprender a *confiar em Deus*, a dizer-lhe, como Ele quer: "Jesus, confio em ti".

Discurso acerca da teologia da ternura
13 de setembro de 2018
Sala Clementina

21
Teologia da ternura (IV)

A ternura remete à Paixão. De fato, a Cruz é o selo da ternura divina, que provém das chagas do Senhor. Suas feridas visíveis são as janelas que escancaram seu amor invisível. Sua Paixão nos convida a transformar o nosso coração de pedra em um coração de carne, a apaixonarmo-nos por Deus. E pelo homem, por amor de Deus.

Discurso acerca da teologia da ternura
13 de setembro de 2018
Sala Clementina

22
Teologia da ternura (V)

Quando o homem se sente verdadeiramente amado, ele fica inclinado a amar. Por outro lado, se Deus é ternura infinita, também o homem, criado à sua imagem, é capaz de ternura. Então a ternura, longe de ser apenas um sentimentalismo, é o primeiro passo para superar o fechamento em si mesmo, para sair do egocentrismo que deturpa a liberdade humana.

Discurso acerca da teologia da ternura
13 de setembro de 2018
Sala Clementina

23
Teologia da ternura (VI)

A ternura de Deus nos leva a entender que o amor é o sentido da vida. Compreendemos assim que a raiz de nossa liberdade nunca é autorreferencial. E assim nos sentimos chamados a derramar no mundo o amor recebido do Senhor, a decliná-lo na Igreja, na família, na sociedade, a conjugá-lo no serviço e na doação. Tudo isso não por dever, mas por amor, por amor àquele por quem somos ternamente amados.

Discurso acerca da teologia da ternura
13 de setembro de 2018
Sala Clementina

24
A ternura da consolação do Senhor

E como o Senhor consola? Com a ternura. Essa é uma linguagem desconhecida pelos profetas da desgraça. É uma palavra apagada de todos os vícios que nos afastam do Senhor: vícios clericais, vícios dos cristãos que gostam pouco ou não querem se mover, que são tíbios... A ternura causa temor. Eis que Ele, o Senhor, tem consigo o prêmio, a sua recompensa o precede. Como um pastor, Ele apascenta seu rebanho e com seu braço o reúne. Carrega os cordeirinhos sobre seu peito e conduz docilmente as ovelhas-mães. Este é o modo de consolar do Senhor: com a ternura. A ternura consola. As mães, quando a criança chora, a acariciam e a tranquilizam com a ternura: uma palavra que o mundo de hoje, de fato, apagou do dicionário. Ternura.

Homilia, 11 de dezembro de 2018
Casa Santa Marta

25
A ternura do amor de Deus em Jesus por cada um de nós

Se não conseguimos sentir e entender a ternura do amor de Deus em Jesus por cada um de nós, nunca, nunca poderemos entender o que é o amor de Cristo. É um amor assim: sempre espera, paciente, um amor como o de Jesus para com Judas – sempre lhe oferece uma oportunidade, até o fim. Igualmente, Ele ama com ternura os grandes pecadores e também espera até o fim. Não sei se conseguimos imaginar um Jesus tão terno assim, um Jesus que chora como chorou diante do túmulo de Lázaro, como chorou contemplando Jerusalém.

Homilia, 31 de outubro de 2019
Casa Santa Marta

26
O Senhor corrige com ternura

De que maneira o Senhor consola? Com ternura. De que maneira o Senhor corrige? Com ternura. De que maneira o Senhor pune? Com ternura. Você imagina estar no coração do Senhor depois de ter pecado? O Senhor conduz, guia o seu povo, corrige; e corrige com ternura. Não se trata de uma atitude didática ou diplomática de Deus. É algo que lhe vem de dentro. Ele sente alegria quando um pecador se aproxima. E essa alegria o torna afável.

Homilia, 10 de dezembro de 2019
Casa Santa Marta

27
O Senhor mostra uma ternura especial pelos mais vulneráveis

Ele vem para abrir os olhos aos cegos e os ouvidos aos surdos, para curar os coxos e os mudos (cf. Is 35,5-6). A salvação é oferecida a todos, mas o Senhor mostra uma ternura especial para com os mais vulneráveis, os mais fracos, os mais pobres de seu povo. Das palavras do salmo responsorial aprendemos que existem outros vulneráveis que merecem um olhar especial da parte de Deus: os oprimidos, os famintos, os prisioneiros, os estrangeiros, os órfãos e as viúvas (cf. Sl 145,7-9). São os moradores das periferias existenciais de ontem e de hoje. Em Jesus Cristo o amor salvífico de Deus se faz tangível: "Os cegos veem e os coxos andam, os leprosos são purificados e os surdos ouvem, os mortos ressuscitam e a Boa-nova é anunciada aos pobres" (Mt 11,5). Esses são os sinais que acompanham a realização do Reino de Deus.

Homilia, 15 de dezembro de 2019
Basílica de São Pedro

28
Jesus se aproxima, toca com ternura as feridas

Aos que são vítimas da injustiça e da exploração e não veem saída, Jesus lhes abre a porta da fraternidade, onde podem encontrar rostos, corações e mãos acolhedores, onde podem compartilhar a amargura e o desespero e recuperar alguma dignidade. Aos que estão gravemente enfermos e se sentem abandonados e desanimados, Jesus se aproxima, toca com ternura as feridas, derrama o óleo do consolo e transforma a fraqueza em força de bem para desatar os nós mais emaranhados. Aos que estão presos e são tentados a fechar-se em si mesmos, Jesus torna a abrir-lhes um horizonte de esperança, começando por um pequeno raio de luz.

Angelus, 1º de janeiro de 2020
Praça de São Pedro
Solenidade de Santa Maria Mãe de Deus

29
A mansidão e a ternura do Bom Pastor

Um dos sinais do Bom Pastor é a *mansidão*. O bom pastor é manso. Um pastor que não é manso não é um bom pastor. Ele tem algo escondido, porque a mansidão se mostra como é, sem se defender. Além disso, o pastor é terno, tem essa *ternura da proximidade,* conhece cada uma das ovelhas por seu nome e cuida de cada uma como se fosse única. Se, ao chegar em casa depois de uma jornada de trabalho, cansado, se dá conta de que uma está faltando, sai novamente ao trabalho para buscá-la e [encontrando-a] a leva consigo, nos ombros (cf. Lc 15,4-5). Esse é o Bom Pastor, esse é Jesus, que nos acompanha a todos no caminho da vida.

Homilia, 3 de maio de 2020
Casa Santa Marta

30
A "medida sem medida" do amor de Deus

Quando Jesus afirma que o Pai deu o seu Filho unigênito, nos lembramos espontaneamente de Abraão, que oferecia seu filho Isaac, como narra o livro do Gênesis (cf. 22,1-14): essa é a "medida sem medida" do amor de Deus. E lembremos igualmente a maneira como Deus se revela a Moisés: cheio de ternura, misericordioso e piedoso, lento na ira e repleto de graça e fidelidade (cf. Ex 34,6). O encontro com esse Deus encorajou Moisés, que, como nos diz o Livro do Êxodo, não receou colocar-se entre o povo e o Senhor, dizendo-lhe: "Somos um povo de cerviz dura, mas perdoai-nos as nossas iniquidades e os nossos pecados e aceitai-nos como propriedade vossa" (Ex 34,9). E assim fez Deus enviando o seu Filho. Somos filhos do Filho com a força do Espírito Santo! Somos a herança de Deus!

Angelus, 7 de junho de 2020
Praça de São Pedro

31
A ternura de Jesus não é sentimentalismo

A compaixão, a ternura que Jesus mostrou à multidão não é sentimentalismo, mas a manifestação concreta do amor que cuida das necessidades das pessoas. E somos chamados a nos aproximar da celebração eucarística com estas mesmas atitudes de Jesus: em primeiro lugar, compaixão pelas necessidades dos outros. Essa palavra se repete no Evangelho quando Jesus vê um problema, uma doença ou pessoas sem comida. *"Compadeceu-se delas"*. Compaixão não é um sentimento puramente material; a verdadeira compaixão é *padecer com*, é assumir as dores dos outros.

Angelus, 2 de agosto de 2020
Praça de São Pedro

32
A ternura humana que está próxima à de Deus

É isto que Deus nos traz hoje: uma forma maravilhosa na qual Deus quis vir ao mundo – e isso faz renascer em nós a ternura, a ternura humana que está próxima da ternura de Deus. Hoje precisamos muito da ternura, temos muita necessidade de carícias humanas, diante de tantas misérias! Se a pandemia (covid-19) nos obrigou a estar mais distantes, Jesus, no presépio, nos mostra o caminho da ternura para estarmos próximos, para sermos humanos.

Audiência geral, 23 de dezembro de 2020
Biblioteca do Palácio Apostólico

33
Proximidade, compaixão e ternura: o estilo de Deus

Três palavras indicam o estilo de Deus: proximidade, compaixão, ternura [...]. Cada um de nós pode experimentar feridas, fracassos, sofrimentos, egoísmos que nos fecham a Deus e aos outros – pois o pecado nos fecha em nós mesmos, por vergonha, por humilhação –, mas Deus quer abrir o nosso coração. Diante de tudo isso, Jesus nos anuncia que Deus não é uma ideia ou uma doutrina abstrata, mas aquele que se "contamina" com nossa humanidade ferida e que não tem medo de entrar em contato com nossos machucados. "Mas, padre, o que dizes? Que Deus se contamina?" Não sou eu que o digo, o próprio Paulo o disse: fez-se pecado (cf. 2Cor 5,21). Ele que não é pecador, que não pode pecar, fez-se pecado. Veja como Deus se contaminou para aproximar-se de nós, para ter compaixão e para fazer compreender a ternura. Proximidade, compaixão e ternura.

Angelus, 14 de fevereiro de 2021
Praça de São Pedro

34
A misericórdia cheia de ternura e bondade

Quem faz a verdade, isto é, pratica o bem, chega à luz, ilumina os caminhos da vida. Quem caminha na luz, quem se aproxima da luz, não pode fazer senão boas obras. A luz nos leva a fazer boas obras. É o que somos chamados a fazer com maior empenho durante a Quaresma: acolher a luz em nossa consciência para abrir nossos corações ao amor infinito de Deus, à sua misericórdia cheia de ternura e bondade. Não esqueçais que Deus perdoa sempre, sempre, se pedirmos com humildade o perdão. É suficiente pedir perdão, e Ele perdoa.

Angelus, 14 de março de 2021
Praça de São Pedro

35
Deus é terno

Deus tornou-se concreto num homem: em Jesus de Nazaré. Nele Deus fez-se companheiro de caminho, tornou-se *um de nós*. "Tu és um de nós": dizer isso a Jesus é uma bela oração! E, por ser um de nós, nos compreende, nos acompanha, nos perdoa, nos ama muito. De fato, é mais cômodo um Deus abstrato, distante, que não se intromete nas situações e que aceita uma fé afastada da vida, dos problemas, da sociedade. Ou será que gostamos de crer em um Deus "de efeitos especiais", que faz apenas coisas excepcionais e proporciona sempre grandes emoções? Pelo contrário, Deus encarnou-se: Ele é humilde, é terno. Deus está escondido, mas se aproxima de nós habitando na normalidade de nossa vida cotidiana.

Angelus, 4 de julho de 2021
Praça de São Pedro

36
Precisamos de uma "ecologia do coração"

O estilo de Deus é proximidade, compaixão e ternura. Quantas vezes, no Evangelho, na Bíblia, encontramos esta frase: "Teve compaixão". [...] *A compaixão nasce da contemplação.* Se aprendemos a descansar de verdade, nos tornamos capazes de compaixão verdadeira; se cultivamos um olhar contemplativo, desenvolveremos nossas atividades sem aquele desejo de tudo possuir e consumir; se nos mantemos em contato com o Senhor e não anestesiamos a parte mais profunda de nosso ser, tudo aquilo que devemos fazer não terá o poder de deixar-nos sem alento e devorar-nos. Precisamos – ouçam isto – de uma *ecologia do coração* composta de descanso, contemplação e compaixão.

Angelus, 18 de julho de 2021
Praça de São Pedro

37
A ternura sem limites que Deus tem para cada um de nós

A cruz, plantada na terra, além de nos convidar a que nos enraizemos bem, eleva e estende seus braços a todos; exorta a manter firmes as raízes, mas sem entrincheiramentos; a beber nas fontes, abrindo-se aos sedentos de nosso tempo [...]. Que ela os leve a anunciar com a vida o Evangelho libertador da ternura sem limites que Deus tem por cada um. Na escassez de amor de hoje, é o alimento que o homem espera.

Angelus, 12 de setembro de 2021
Praça dos Heróis, Budapeste

38
A ternura de Deus nos dá paz, nos faz crescer

As contrariedades, as situações que revelam nossa fragilidade são ocasiões privilegiadas para experimentar seu amor. Quem reza com perseverança sabe disto muito bem: nos momentos obscuros ou de solidão, a ternura de Deus por nós se faz – por assim dizer – ainda mais presente. Quando somos pequeninos, sentimos mais a ternura de Deus. Essa ternura nos traz paz, nos faz crescer, porque Deus se aproxima de nós à sua maneira: pela proximidade, compaixão e ternura. E quando nos sentimos sem importância – isto é, pequenos – por qualquer motivo, o Senhor aproxima-se mais, sentimo-lo mais próximo. Ele nos dá paz, nos faz crescer. Na oração, o Senhor nos abraça como um pai abraça seu filho. Assim nos tornamos grandes.

Angelus, 3 de outubro de 2021
Praça de São Pedro

39
A Igreja da proximidade com atitudes de compaixão e ternura

O estilo de Deus é proximidade, compaixão e ternura. Deus sempre agiu assim. Se não nos tornarmos essa Igreja da proximidade com atitude de compaixão e ternura, não seremos a Igreja do Senhor. E isso não apenas com palavras, mas com a presença, para que se estabeleçam melhores laços de amizade com a sociedade e o mundo. Trata-se de uma Igreja que não se separa da vida, mas se ocupa das fragilidades e das pobrezas de nosso tempo, curando as feridas e sarando os corações partidos com o bálsamo de Deus. Não esqueçamos o estilo de Deus que há de ajudar-nos: a proximidade, a compaixão e a ternura.

Discurso, 9 de outubro de 2021
Sala nova do Sínodo

40
A proximidade de Deus é sempre compassiva e terna

O estilo de Deus é sempre a proximidade. Isso é dito no início do Deuteronômio: "Pois qual é a grande nação que tem deuses tão próximos como o Senhor nosso Deus, sempre que o invocamos?" (Dt 4,7). A proximidade! E a proximidade de Deus é sempre compassiva e terna. A proximidade é compaixão e ternura. Cada dia, no seu exame de consciência, perguntem-se: "Hoje, estive próxima? Fui compassiva? Tenho sido terna?" Sigam em frente desse modo. Façam muito uso da palavra ternura. É importante para a forma de ser. Levem a esperança que não decepciona. A verdadeira esperança. Sejam como Maria, mulheres de esperança.

Discurso, 22 de outubro de 2021
Casa generalícia das Filhas de Maria Auxiliadora

41
Deus, nos braços de sua Mãe e apoiado na manjedoura, nos encoraja com ternura

Deus está perto, ao nosso alcance. Não vem com o poder de quem quer ser temido, mas com a fragilidade de quem quer ser amado; não nos julga do alto de um trono, mas nos olha de baixo, como um irmão – mais ainda, como um filho. Nasce pequeno e necessitado, para que ninguém jamais se envergonhe de si mesmo: justo quando vivenciamos nossa debilidade e fragilidade, podemos sentir Deus ainda mais perto, pois Ele se apresentou assim a nós – debilitado e frágil. É o Deus Menino que nasce para não excluir ninguém, para fazer com que nos tornemos todos irmãos e irmãs. Dessa forma o novo ano começa com um Deus que, nos braços de sua mãe e apoiado na manjedoura, nos encoraja com ternura.

Angelus, 1º de janeiro de 2022
Praça de São Pedro
Solenidade de Santa Maria Mãe de Deus

42
Sentir a ternura de Deus em nossa vida

Que cada pessoa diga: quais sinais o Senhor realizou em minha vida? Quais indícios vejo de sua presença? São sinais que realizou para mostrar-nos que nos ama. Pense naquele momento difícil em que Deus fez você experimentar seu amor... E pergunte: com que sinais, discretos e atenciosos, fez-me sentir a sua ternura? Quando senti o Senhor mais próximo de mim, quando senti a sua ternura, a sua compaixão?

Angelus, 16 de janeiro de 2022
Praça de São Pedro

43
Uma grande ternura na experiência do amor de Deus

A ternura é algo maior do que a lógica do mundo. É uma forma inesperada de fazer justiça. Por isso nunca devemos esquecer que Deus não se assusta com os nossos pecados: convençamo-nos bem disso. Deus não se assusta com os nossos pecados: é pai, é amor, é terno. Não se assusta com os nossos pecados, com os nossos erros, com as nossas quedas, mas se assusta com o fechamento de nosso coração – isso, sim, o faz sofrer –, se assusta com a nossa falta de fé em seu amor. Há uma grande ternura na experiência do amor de Deus. E é lindo pensar que o primeiro que transmitiu a Jesus essa realidade tenha sido precisamente José. De fato, as coisas de Deus sempre chegam até nós através de experiências humanas.

Audiência geral, 19 de janeiro de 2022
Sala Paulo VI

44
A ternura é a experiência de
nos sentirmos amados por Deus

Podemos perguntar-nos se nós mesmos experimentamos a ternura e se, por sua vez, nos convertemos em testemunhas dela. De fato, a ternura não é em primeiro lugar uma questão emotiva ou sentimental: é a experiência de nos sentirmos amados e acolhidos precisamente na nossa pobreza, na nossa miséria e, por conseguinte, transformados pelo amor de Deus.

Audiência geral, 19 de janeiro de 2022
Sala Paulo VI

45
O Senhor toca nossas feridas com ternura

O Senhor não nos tira todas as debilidades, mas nos ajuda a caminhar com elas, pegando-nos pela mão. Pega pela mão nossas debilidades e põe-se perto de nós. E isso é a ternura. A experiência da ternura consiste em ver o poder de Deus passar precisamente naquilo que nos torna mais frágeis; mas sob a condição de nos convertemos do olhar do maligno, que "nos faz olhar a nossa fragilidade com um juízo negativo", ao passo que o Espírito Santo "a traz à luz com ternura" (*Patris Corde*, 2). "A ternura é o melhor modo de tocar o que é frágil em nós" (*Patris Corde*, 2). Observem como os enfermeiros e as enfermeiras tocam as feridas dos enfermos: com ternura, para não os ferir mais. E assim o Senhor toca as nossas feridas, com a mesma ternura. "Por essa razão é importante nos encontrarmos com a misericórdia de Deus, especialmente no Sacramento da Reconciliação", na oração pessoal com Deus, "fazendo uma experiência de verdade e ternura".

Audiência geral, 19 de janeiro de 2022
Sala Paulo VI

46
Deus não se cansa de nos dar confiança com ternura

Gosto de pensar que um bom nome para Deus seria "o Deus que dá outra possibilidade": ele sempre nos dá outra chance, sempre, sempre. Essa é a sua misericórdia. É isto que o Senhor faz conosco: não nos afasta de seu amor, não se desanima, não se cansa de nos dar confiança com ternura.

Angelus, 20 de março de 2022
Praça de São Pedro

47
Deus é próximo, misericordioso e terno

Deus acredita em nós! Deus nos acompanha com paciência, a paciência de Deus conosco. Não desanima, mas sempre coloca esperança em nós. Deus é Pai e olha para ti como um pai: como o melhor dos pais, não vê em ti os resultados que ainda não alcançaste, mas os frutos que podes dar; ele não conta os teus fracassos, mas realça tuas possibilidades; não se detém em teu passado, mas aposta com confiança no teu futuro. Porque Deus está próximo de nós, está ao nosso lado. Não esqueçamos o estilo de Deus: proximidade; Ele está próximo com misericórdia e ternura. E é assim que Deus nos acompanha: é próximo, misericordioso e terno.

Angelus, 20 de março de 2022
Praça de São Pedro

48
Experimentar a ternura do Bom Pastor

Estando com o Bom Pastor experimentamos o que diz o Salmo: "Mesmo se eu passar por um vale de sombra e morte, não receio mal algum, pois estás comigo" (Sl 23,4). Sobretudo nos sofrimentos, nas fadigas, nas crises que são trevas: Ele nos sustenta, atravessando-as conosco. E assim, precisamente nas situações difíceis, podemos descobrir que somos conhecidos e amados pelo Senhor. Perguntemo-nos então: deixo-me conhecer pelo Senhor? Dou-lhe espaço em minha vida, confidencio-lhe o que vivo? E, após ter experimentado muitas vezes sua proximidade, sua compaixão, sua ternura, que ideia faço do Senhor? O Senhor é próximo, o Senhor é bom pastor.

Angelus, 8 de maio de 2022
Praça de São Pedro

49
O tempo da ternura de Deus

Não esqueçamos que o Espírito de Deus é proximidade, compaixão e ternura. Deus é assim, sabe acariciar. E a velhice nos ajuda a entender essa dimensão de Deus que é a ternura. A velhice é o tempo especial para livrar o futuro da ilusão tecnocrática, é o tempo da ternura de Deus que cria, cria caminho para todos nós. Que o Espírito nos conceda a reabertura dessa missão espiritual – e cultural – da velhice, que nos reconcilia com o nascimento do alto. Quando pensamos dessa maneira na velhice, podemos nos perguntar: por que esta cultura do descarte decide pôr de lado os idosos, considerando-os inúteis? Os idosos são os mensageiros do futuro, os idosos são os mensageiros da ternura, os idosos são os mensageiros da sabedoria de uma vida vivida.

Audiência geral, 8 de julho de 2022
Praça de São Pedro

50
Jesus nos revela um Deus cheio de compaixão e ternura

Muitas vezes podemos ter uma ideia distorcida de Deus, considerando-o um juiz austero, um juiz severo, preparado para nos apanhar em flagrante delito. Jesus, ao contrário, nos revela um Deus cheio de compaixão e ternura, disposto a sacrificar-se a si mesmo para vir ao nosso encontro, precisamente como o pai da parábola do filho pródigo (cf. Lc 15,11-32).

Audiência geral, 21 de dezembro de 2022
Sala Paulo VI

51
Deus quer atrair-nos com o amor, a ternura, a compaixão

Não esqueçamos nunca: o estilo de Deus é proximidade, compaixão, ternura. Assim é o estilo de Deus: próximo, compassivo e terno. De maneira que Deus feito Menino, pequeno, humilde, com seu amor, é capaz de atrair-nos. É um amor "sem armas" e que desarma os outros. Não nos toma com a força, não nos impõe sua verdade e sua justiça, não faz proselitismo conosco, não: quer atrair-nos com o amor, com a ternura, com a compaixão.

Audiência geral, 28 de dezembro de 2022
Sala Paulo VI

52
A realidade de Deus

Três coisas importantes de Deus: misericórdia, proximidade e ternura. Quem é Deus? É o próximo, o terno e o misericordioso. Essa é a realidade de Deus.

Audiência geral, 15 de fevereiro de 2023
Sala Paulo VI

III
A ternura do cuidado

1
A linguagem da maternidade: a ternura do cuidado

A linguagem própria de Maria é a da *maternidade*: *cuidar com ternura* do Menino. Esta é a grandeza de Maria: enquanto os anjos fazem uma festa, os pastores acorrem, e todos louvam a Deus em voz alta pelo ocorrido, Maria não fala, não entretém os convidados explicando o que lhe aconteceu, não rouba o protagonismo – nós gostamos de roubar a cena –, ao contrário, coloca no centro o Menino, cuidando dele com amor [...]. Esta é a linguagem típica da maternidade: *a ternura do cuidado*. De fato, após ter levado no ventre por nove meses o dom de um misterioso prodígio, as mães continuam pondo no centro de todas as atenções suas crianças: alimentando-as, apertando-as nos braços, deitando-as com ternura no berço. Cuidar – essa é igualmente a linguagem da Mãe de Deus; uma linguagem de mãe: cuidar.

Angelus, 1º de janeiro de 2023
Praça de São Pedro
Solenidade de Santa Maria Mãe de Deus

2
Custodiar a criação, com um olhar de ternura e de amor

Sejamos "guardiões" da criação, do desígnio de Deus inscrito na natureza; guardiões do outro, do meio ambiente; não deixemos que sinais de destruição e morte acompanhem o caminho deste nosso mundo. Mas, para "custodiar", também temos que cuidar de nós mesmos. Lembremo-nos de que o ódio, a inveja, a soberba sujam a vida. Custodiar quer dizer, pois, vigiar os nossos sentimentos, o nosso coração, porque é dele que saem as intenções boas ou más: as que edificam e as que destroem. Não devemos ter medo da bondade, e menos ainda da ternura.

E, a propósito, acrescento aqui mais uma observação: preocupar-se, custodiar, requer bondade, requer agir com ternura. Nos Evangelhos, São José aparece como um homem forte e valente, trabalhador, mas em sua alma percebe-se uma grande ternura, que não é a virtude dos fracos, mas exatamente o contrário: denota fortaleza de ânimo e capacidade de atenção, de compaixão, de verdadeira abertura ao outro, de amor. Não tenhamos medo da bondade, da ternura.

Homilia, Santa Missa de início do Ministério Petrino
19 de março de 2013, Praça de São Pedro
Solenidade de São José

3
Dar testemunho da ternura do Senhor

Cada cristão, mas sobretudo nós, somos chamados a levar esta mensagem de esperança que dá serenidade e alegria: a consolação de Deus, sua ternura para com todos. Mas não podemos ser seus portadores se não experimentarmos antes a alegria de sermos consolados por Ele, de sermos amados por Ele. Isto é importante para que nossa missão seja fecunda: sentir a consolação de Deus e transmiti-la. Às vezes me encontrei com pessoas consagradas que têm medo da consolação de Deus, e… pobrezinhas delas, se amofinam, porque têm medo dessa ternura de Deus. Mas não tenham medo. Não tenham medo, Deus é o Senhor da consolação, é o Deus da ternura. Deus é Pai, e Ele disse que nos tratará como uma mãe trata o seu filho, com sua ternura. Não tenham medo da consolação do Senhor. Que este convite de Isaías ressoe em nosso coração: "consolai, consolai o meu povo" (Is 40,1), e que isso se converta em missão. Encontrar o Senhor que nos consola e ir consolar o povo de Deus: essa é a missão. Hoje certamente as pessoas precisam de palavras, mas sobretudo necessitam de que demos testemunho da misericórdia, da ternura do Senhor, que aquece o coração, desperta a esperança, atrai para o bem.

Homilia, 7 de julho de 2013
Basílica de São Pedro

4
Rezar com fidelidade, para estarmos mais atentos às necessidades dos irmãos

É da contemplação, de uma forte relação de amizade com o Senhor que nasce em nós a capacidade de viver e de anunciar o amor de Deus, sua misericórdia, sua ternura com os outros. E inclusive o nosso trabalho com o irmão necessitado, nosso trabalho de caridade nas obras de misericórdia nos levam ao Senhor, porque vemos precisamente o Senhor no irmão e na irmã necessitados.

Angelus, 21 de julho de 2013
Praça de São Pedro

5
O matrimônio e as famílias, reflexo da ternura de Deus

É comovedora e muito bela esta irradiação da força e da ternura de Deus que se transmite de casal para casal, de família para família. Tem razão Paulo ao dizer que se trata exatamente de "um mistério grandioso". Homens e mulheres intrépidos o suficiente para levar esse tesouro nos "vasos de barro" de nossa humanidade – esses homens e essas mulheres tão corajosos – constituem um recurso essencial para a Igreja e também para o mundo inteiro. Deus os abençoe mil vezes por isso. [...] Que o matrimônio e as famílias sejam um reflexo da força e da ternura de Deus em nossa sociedade.

Audiência geral, 6 de maio de 2015
Praça de São Pedro

6
O exemplo e o testemunho da ternura da Sagrada Família

Do exemplo e do testemunho da Sagrada Família, cada família pode obter indicações preciosas para o estilo e as escolhas de vida, também pode haurir força e sabedoria para a caminhada cotidiana. A Virgem e São José ensinam a acolher os filhos como dom de Deus, a gerá-los e a educá-los cooperando de maneira maravilhosa com a obra do Criador e dando ao mundo, em cada criança, um novo sorriso. É na família unida que os filhos alcançam a maturidade de sua existência, vivendo a experiência significativa e eficaz do amor gratuito, da ternura, do respeito recíproco, da compreensão mútua, do perdão e da alegria.

Angelus, 27 de dezembro de 2015
Festa da Sagrada Família de Nazaré

7
Um olhar materno de ternura

Antes de mais nada, a *Virgem Morenita* nos ensina que a única força capaz de conquistar o coração dos homens é a ternura de Deus. Aquilo que encanta e atrai, aquilo que cede e vence, aquilo que abre e desencadeia não é a força dos instrumentos ou a dureza da lei, mas a fraqueza onipotente do amor divino, que é a força irresistível de sua doçura e a promessa irreversível de sua misericórdia.

Discurso aos bispos do México
13 de fevereiro de 2016
Cidade do México

8
Ternura significa cuidar dos outros

O que é a ternura? É o amor que se faz próximo e concreto. É um movimento que procede do coração e chega aos olhos, aos ouvidos, às mãos. Ternura é usar os olhos para ver o outro, usar os ouvidos para escutar o outro, para ouvir o grito dos pequenos, dos pobres, dos que têm medo do futuro; e escutar também o grito silencioso de nossa casa comum, a terra contaminada e enferma. A ternura consiste em usar as mãos e o coração para acariciar o outro. Para cuidar dele.

Videomensagem, 26 de abril de 2017

9
Esta é a ternura: abaixar-se ao nível do outro

A ternura é a linguagem dos mais pequenos, daqueles que necessitam do outro: uma criança afeiçoa-se ao pai e à mãe e os reconhece por meio das carícias, do olhar, da voz, da ternura. Eu gosto de ouvir quando o pai ou a mãe falam com seu filho pequeno, quando eles se fazem crianças falando como elas falam. Esta é a ternura: abaixar-se ao nível do outro. Também Deus se abaixou, em Jesus, para estar ao nosso nível. Esse é o caminho seguido pelo Bom Samaritano. Esse é o caminho seguido por Jesus, que se abaixou, que atravessou toda a vida do ser humano por meio da linguagem concreta do amor.

Videomensagem, 26 de abril de 2017

10
A ternura é a "chave" para entender os doentes

Estando com os enfermos e exercendo a sua profissão, você cuida dos doentes e, mais do que tudo, cuida de seu corpo. Ao fazer isso, lembre-se de como Jesus tocou o leproso: de modo não distraído, indiferente ou incomodado, mas atento e amoroso, fazendo com que o doente se sentisse respeitado e cuidado. Com essa postura, o contato que se estabelece com os pacientes lhes dá uma espécie de reverberação da proximidade de Deus Pai, de sua ternura com cada um de seus filhos. Quanto à ternura: é a "chave" para entender os doentes. Com dureza não é possível entendê-los. A ternura é a chave para isso, e é também um precioso remédio para o seu coração. Ela passa do coração para as mãos, passa através de um "tocar" as feridas cheio de respeito e amor.

Discurso, 3 de março de 2018
Sala Paulo VI

11
Precisamos da maternidade, de quem gera e regenera a vida com ternura

A Igreja precisa redescobrir seu coração materno, que bate pela unidade; mas a nossa Terra também necessita dele, para que volte a ser a casa de todos os seus filhos. A Virgem deseja isso igualmente: "Ela quer dar à luz um mundo novo, onde todos possamos ser irmãos, onde haja lugar para cada descartado de nossas sociedades" (*Fratelli tutti*, 278). Precisamos da maternidade, de quem gera e regenera a vida com ternura, porque só o dom, o cuidado e a partilha mantêm a família humana unida. Pensemos no mundo sem mães: é sem porvir. O ganho e o lucro por si só não têm futuro; pelo contrário, às vezes aumentam as desigualdades e as injustiças. As mães, em contrapartida, fazem com que cada filho se sinta em casa, e dão esperança.

Discurso, 24 de outubro de 2020
Sala Paulo VI

12
Ternura, sinal de humanidade

Peçamos a graça da admiração: face a esse mistério, a essa realidade tão terna, tão bela, tão próxima de nossos corações, que o Senhor nos conceda a graça da admiração, para que o encontremos, para que nos aproximemos dele, para que nos aproximemos uns dos outros. Isso fará nascer em nós a ternura. Há poucos dias, falando com alguns cientistas, falávamos de inteligência artificial e dos robôs... há robôs programados para todos e para tudo, e isso vai progredindo. Eu lhes disse: "Mas o que os robôs nunca serão capazes de fazer?". Eles refletiram, fizeram propostas, mas no final concordaram num ponto: a ternura. Isso os robôs não serão capazes de fazer.

Audiência geral, 23 de dezembro de 2020
Biblioteca do Palácio Apostólico

13
Que a dureza cotidiana do viver seja suavizada pela ternura mútua na família

Na imitação da Sagrada Família somos chamados a redescobrir o valor educativo do núcleo familiar, que deve se embasar no amor que sempre regenera as relações ao abrir horizontes de esperança. Na família é possível experimentar uma comunhão sincera quando ela for uma casa de oração; quando os afetos forem sérios, profundos; quando o perdão prevalecer sobre as discórdias; quando a dureza cotidiana do viver for suavizada pela ternura mútua e pela serena adesão à vontade de Deus. Desse modo, a família se abre à alegria que Deus oferece a todos aqueles que sabem se doar com alegria. Ao mesmo tempo, encontra a energia espiritual para se abrir ao exterior, aos outros, ao serviço para seus irmãos, à colaboração para a construção de um mundo sempre novo e melhor. Ela é capaz, portanto, de ser portadora de estímulos positivos. A família evangeliza com o exemplo de vida.

Angelus, 27 de dezembro de 2020
Biblioteca do Palácio Apostólico

14
A ternura de quem cuida da pessoa doente

Os discípulos de Jesus, por Ele enviados, "ungiam com óleo muitos enfermos, curando-os" (Mc 6,13). Esse "óleo" também nos faz pensar no sacramento da Unção dos Enfermos, que dá consolo ao espírito e ao corpo. Mas esse "óleo" também é a escuta, a proximidade, a atenção, a ternura de quem cuida da pessoa doente: é como uma carícia que faz com que nos sintamos melhor, que acalma a dor e anima. Todos nós, todos, cedo ou tarde, precisamos dessa "unção", da proximidade, da ternura; e todos podemos oferecê-la a alguém, com uma visita, uma chamada telefônica, uma mão estendida a quem precisa de ajuda. Recordemos que, no protocolo do Juízo Final (Mt 25), uma das perguntas a nos serem feitas será sobre a proximidade dos doentes.

Angelus, 11 de julho de 2021
Policlínico Agostino Gemelli

15
A ternura dos idosos

O idoso caminha para a frente, caminha para o destino, rumo ao céu de Deus; o idoso caminha com sua sabedoria vivida ao longo da vida. A velhice, então, é um tempo especial para abrir mão da ilusão tecnocrática de uma sobrevivência biológica e robótica, sobretudo porque se abre à ternura do ventre criador e gerador de Deus. Gostaria, aqui, de sublinhar uma palavra: a ternura dos idosos. Observe como um avô ou uma avó olha para os netos, como acaricia os netos: aquela ternura, livre de toda prova humana, que venceu as provas humanas e é capaz de dar gratuitamente o amor, a proximidade amorosa de uns para com os outros. Essa ternura abre a porta para entender a ternura de Deus.

Audiência geral, 8 de junho de 2022
Praça de São Pedro

16
A gratuidade pela ternura de Deus

O serviço evangélico da gratuidade pela ternura de Deus não está de forma alguma escrito nas regras da relação entre senhor e serva. Além disso, as mulheres podem ensinar aos homens coisas sobre a gratuidade e a ternura da fé que eles têm mais dificuldade de compreender. Ao longo do seguimento de Jesus, a sogra de Pedro mostrou o caminho aos apóstolos antes que estes o entendessem. E a delicadeza especial de Jesus, que lhe "tocou a mão" e se "inclinou delicadamente" para ela, deixou claro, desde o princípio, sua especial sensibilidade aos fracos e doentes, algo que o Filho de Deus certamente tinha aprendido com sua Mãe.

Audiência geral, 15 de junho de 2022
Praça de São Pedro

17
A fragilidade nos torna capazes de ternura, misericórdia e amor

A *fragilidade* é, na verdade, a nossa verdadeira riqueza: somos ricos em fragilidade, todos – a verdadeira riqueza. Devemos aprender a respeitá-la e acolhê-la, pois, quando a oferecemos a Deus, torna-nos capazes de ternura, de misericórdia e de amor. Ai das pessoas que não se sentem frágeis: são duras, ditatoriais. Em contrapartida, as pessoas que reconhecem com humildade suas próprias fragilidades são mais compreensivas com os outros. A fragilidade – ousaria dizer – nos torna humanos. Não é por acaso que a primeira das três tentações de Jesus no deserto – ligada à fome – tente roubar-nos a fragilidade, apresentando-a como um mal do qual devemos nos livrar, um impedimento a ser como Deus.

Audiência geral, 4 de janeiro de 2023
Sala Paulo VI

Conecte-se conosco:

- **f** facebook.com/editoravozes
- **⊙** @editoravozes
- **X** @editora_vozes
- **▶** youtube.com/editoravozes
- **☏** +55 24 2233-9033

www.vozes.com.br

Conheça nossas lojas:

www.livrariavozes.com.br

Belo Horizonte – Brasília – Campinas – Cuiabá – Curitiba
Fortaleza – Juiz de Fora – Petrópolis – Recife – São Paulo

EDITORA VOZES LTDA.
Rua Frei Luís, 100 – Centro – Cep 25689-900 – Petrópolis, RJ
Tel.: (24) 2233-9000 – E-mail: vendas@vozes.com.br